Ce qui s'est passé

en la solennité

Couvent des Jacobins.
1671 -

CE QVI S'EST PASSE'

en la Solennité de la Feste de la Canonisation de S.te Rose, dans les Eglises du Grand Convent des Iacobins, & de ceux de la rüe S. Honoré.

E qui se fait en cette ville, dans les Actions d'éclat, a, tousjours, vn caractére de grandeur, digne de cette Capitale, qui doit servir de modéle aux autres : & l'on peut dire que cela vient de se confirmer dans la Feste de la Canonisation de cette nouvelle Sainte du Pérou, en laquelle les Iacobins se sont signalez, pour servir d'exemple à tous les autres, qui se trouvent également, interessez, dans les honneurs d'vne Sainte, qui en a tant fait à leur Ordre.

Ceux du Grand Convent, firent, tres-superbement, tapisser leur Eglise, & n'oubliérent rien, particuliérement, pour la décoration du grand Autel. Il y avoit vn riche Dais, au deſſous duquel eſtoit l'Image de la Sainte, tenant vn Ieſus, d'vne maniére qui inſpiroit autant de Pieſé à tous les Spectateurs, qu'elle leur donnoit d'admiration : étant environnée d'vne brillante Gloire, avec pluſieurs Anges, pareillement, en relief de cire, & qui prodüiſoyent vn effet ſurprenant. Cet Autel eſtoit, auſſi, embelli de quantité de Figures d'or, & d'argent, & éclairé de grand nombre de Luſtres, avec vne infinité de Cierges, dont la clarté augmantoit l'éclat de cette magnificence. Leur Egliſe ayant eſté, ainſi, préparée, avec toute la pompe qui leur fut poſſible, ils firent, le 30 du Paſſé, l'Ouverture de la Solennité, par l'expoſition du Saint Sacrement : enſüite de laquelle ils furent en Proceſſion, en l'Egliſe de Noſtre-Dame, avec l'Etendard de la Sainte, porté par l'vn d'eux, & environné de pluſieurs Enfans, tres-richement veſtus en Anges. Ils alloyent apres, deux à deux, avec vne modeſtie ſingu-liére : quatre eſtans au milieu, reveſtus de ma-gnifiques Chapes, & le Prieur, avec vne pareil-le Chape, ſüivi d'vne foule de Peuple. Au retour en leur Egliſe, la grande Meſſe fut célébrée par le Curé de Saint Iacques de la

Boucherie , accompagné de son Clergé : lequel, à l'issüe des Vespres , chantées par ces Religieux, prononça le Panégyrique, avec beaucoup de satisfaction de l'Auditoire. Ils achevérent la Dévotion de ce jourlà , par le Salut, chanté avec vne excellente Musique : ensüite duquel , l'Archévesque de Paris, qui avoit esté reçu à la Porte de l'Eglise, par le Prieur, à la teste de sa Communauté, aux fanfares des Trompettes, avec les Hautsbois, & d'autres Instrumens, ainsi qu'au brüit de quantité de Boëttes, donna la Bénédiction du Saint Sacrement , & accorda , en mesme temps , quarante jours d'Indulgence, à tous ceux qui avoyent assisté à la Cérémonie, qui se termina , le soir, par vn tres-beau Feu d'Artifice. Elle fut continüée le reste de l'Octave , par les Processions de Saint André des Arcs , de Saint Estienne des Grecs, de Saint Severin, des Cordeliers, de Saint Côme , des Augustins du grand Convent, de Saint Nicolas du Chardonnet, des Carmes du grand Convent, de Saint Estienne du Mont, des Mathurins, de Saint Sulpice, des Péres de la Merci, & des Capucins, qui tous firent l'Office. Les Panégyriques furent prononcez par Dom Iean de

Saint Laurent, Feüillant, le Pére Chéri, Preſtre de l'Oratoire, l'Abbé Février, le Pére Fontaine, Ieſüite, le Pére François de Chartres, Capucin, & les Abbez le Fléchier, & le Févre, qui ſe ſignalérent à l'envi: & la Bénédiction du Saint Sacrement, fut donnée par l'ancien Eveſque de Conſtançe, Tréſorier de la Sainte Chapelle, & ceux d'Engouleſme, de Tarbes, de Béſiers, de Nevers, de Grenoble, & d'Autun. Le dernier jour, les Religieux, pour ne rien oublier qui puſt rendre la concluſion plus célébre, firent leur Proceſſion du Roſaire, avec vne ſolennité extraordinaire, y portans le Bras de leur Angélique Docteur, Saint Thomas, avec pluſieurs autres Reliques: enſüite dequoy, ayans chanté le *Te Deum*, ils élevérent l'Etendard à la Voûte, encor, aux fanfares des Trompettes, & allumérent vn Feu d'Artifice, non moins beau que le premier.

LEs Iacobins Réformez de la rüe Saint Honoré, qui faiſoyent travailler, depuis long-temps, aux Appreſts de cette Feſte, avec vne dépenſe qui eſtoit la marque d'vn zéle extra-ordinaire, ne laiſſérent rien voir chez eux, en cette Occaſion, qui ne fuſt également pom-

pompeux, & régulier, & qui n'attiraſt autant l'admiration, que la Dévotion des Aſ-
ſiſtans.

La Magnificence ne pareſſant pas moins,
au dehors qu'au dedans de leur Egliſe, le
grand Portail eſtoit orné d'vn Portique d'Architecture, de quarante pieds de haut, & de
trente de large, compoſé de quatre grands
Pilaſtres feints de jaſpe, de dix-huit pieds de
haut : la Baſe, & les Chapiteaux eſtans de
bronze doré, ainſi que la grande Corniche,
& le reſte de l'Architecture, de marbre blanc.
Les Armes du Pape, du Roy, de la Reyne,
& de noſtre Archévéſque, toutes rehauſ-
ſées d'or, & chacune, de cinq pieds de haut,
eſtoyent placées entre ces deux Pilaſtres: & l'on
voyoit, encor, ſur leur retour, de marbre
ſerpentin, deux grands Chffres de Sa Sainteté, entrelaſſez de Palmes, & de Lauriers, de
meſme qu'au milieu de la Friſe, vne grande
Pierre feinte de Lapis, ſur laquelle eſtoit en
caractéres d'or, le Nom de la Sainte. Au deſſus
de la Corniche pareſſoit vne Atique fort élevée,
au milieu de laquelle eſtoit vn grand Tableau
de la meſme Sainte, aſſiſe dans vne Gloire,
tenant ſur les genous, vn Ieſus qui luy met-
toit vne Couronne de Roſes: & cette Peinture

estoit dans vn riche Quadre, accompagné de deux Pilastres de jaspe, avec des Bases, & Chapiteaux de bronse, à costé desquels, il y avoit deux grandes Consoles, embellies de dif-férantes sortes de marbre, & de bronze. La Corniche estoit de marbre blanc, finissant par vne autre Corniche cintrée, pareillement, de marbre, sur le haut de laquelle se voyoit vn gros Vase de bronze, & d'émail. Sur les deux derniers grands Pilastres du Corps d'enbas, il y avoit autant de semblables Vases : & le Cin-tre de la grande Porte, soûtenoit vn vaste Car-touche de bronze, qui contenoit vn Ovale d'azur, sur lequel estoit, aussi, écrit, en Let-tres d'or, l'Indulgence Pléniére.

Toute l'Eglise estoit tendüe d'vne Haute-lis-se des plus superbes, avec quantité de grands Cartouches, contenans des Médalles, & des Emblesmes, sur la Vie de la Sainte, qui satis-faisoyent également, la Curiosité, & la Piété. Mais la Pompe éclatoit, principalement, au grand Autel : où l'Art, & la Magnificence sem-bloyent s'estre épüisez, pour attirer de ce costé-là, les regards d'vn chacun, & y arrester l'admiration, & la Dévotion.

On y avoit dressé vn Autel beaucoup plus avancé, au dedans de l'Eglise, qu'à l'ordinaire, avec deux Gradins, couverts de brocart d'argent, chargez de quantité de grands Chandeliers, & d'autant de gros Vases d'argent, vermeil doré, remplis de Fleurs : le tout entremeslé de Miroirs, en sorte que l'effet en estoit merveilleux. Il y avoit au milieu de l'Autel, vn Reliquaire d'argent, de trois pieds de haut, à Colonnes de crystal, orné d'vne Image de la Vierge, aussi, d'argent : & le devant dudit Autel, estoit, chaque jour, changé, ainsi que les Ornemens des Officiers, &, tousjours, d'vne riche étofe, ou de satin blanc, brodé de toutes sortes de Fleurs, ou de brocart d'or, ou de velous, de couleurs différantes, semé de Fleurs-de Lys, de Couronnes, & de Flâmes, avec les Armes de France, en broderie d'argent. Les Crédances estoyent, semblablement, chargées de Chandeliers, de Miroirs, & de Vases d'argent, remplis de Fleurs : y ayans, aux costez, des Cassolettes d'argent, de trois pieds de haut, avec quatre larges Plaques des plus belles.

Le reste de l'Autel, jusques à la Voute, estoit occupé par vne Gloire, dans le milieu de laquelle il y avoit vne Perspective enfoncée, à perte de vüe : où la Sainte paressoit, comme dans vn Firmament, toute environnée de nüages, remplis de distance, en distance, de Chérubins, & de Séraphins. A mesure que cette Gloire qui estoit mobile, s'avançoit, on voyoit augmenter le nombre des Anges : & , particuliérement, sur la partie du devant, ils se découvroyent en foule , tous en differante posture d'adoration, & d'admiration. Le Saint Sacrement, dans vn Soleil tres riche , y estoit élevé de quinze pieds, au dessus de l'Autel, entre deux grands Anges à genous, tenans des Encensoirs. Vne Figure de la Sainte, avec l'habit de Religieuse, paressoit plus bas, à l'vn des costez, aussi, à genous, & de l'autre, celle de S. Dominique, en pareille posture, comme présentant à Dieu, cette premiére Fleur du nouveau Monde : & la Gloire estoit bornée à l'entour, jusques en bas, d'vn grand rideau de brocart d'or. A quelque distance de l'Autel, trois grands Chandeliers d'argent, & de crystal, estoyent attachez à la Voute, & garnis de gros Cierges de cire blanche : & , à costé, proche du mesme Autel, il y avoit vn Trône , sous vn Dais de velous cramoisy , en broderie d'or , pour les Prélats officians.

Il est aisé de juger que tant de richesses , & de belles choses , si bien disposées , ne pou-

voyent

voyent prodüire que des effets surprenans: mais ce pieux Spectacle pouvoit passer pour nompareil, principalemeut, lors qu'vne infinité de Lumiéres, ingénieulement, arrangées en divers endroits de cette Gloire, estoyent allumées aux heures du Salut, avec ce grand nombre de Cierges, dont tous les Chandeliers estoyent garnis : & plus particuliérement, encor, dans le moment qu'on devoit donner la Bénédiction, où le Saint Sacrement descendoit sur l'Autel, soutenu d'vne Groupe de Séraphins, & de Chérubins, en sorte que l'on croyoit voir vn véritable Paradis.

Cette Pompe ayant esté, ainsi, préparée, les Religieux firent l'Ouverture de la Solennité le 29, aussi, du Passé, par vne célébre Procession, en laquelle ils portérent l'Etendard de la Sainte, en la Cathédrale : & l'apresdinée, le Pére Antonin Mousset, leur Provincial, en Chape, précédé de deux Thuriféres, avec autant d'Acolites, & de quatre Chantres, & accompagné d'vn Diacre, & Sousdiacre, apres avoir encensé le Saint Sacrement, & la Figure de la Sainte, élevée sur l'Autel, fit vn excellent Discours, sur le sujet, qui fut suivi de la lecture de la Bulle de Sa Sainteté, qui accordoit Indulgence Pléniére, à tous ceux qui visiteroyent cette Eglise , pendant l'Octave , & du *Te Deum* , chanté aux fanfares des Trompettes , avec les décharges de cent Boëtes. Les Vespres furent apres , chantées par vne merveilleuse Musique , accompagnée d'vne tres agréable Symphonie , composée par le Sieur Ferdinand , Ordinaire de la Musique du Roy.

Le lendemain , le Doyen , & le Chapitre de l'Eglise de Saint Germain l'Auxerrois , y vinrent en Procession , avec la Baniére de la Sainte , portée par l'vn de ces Péres , & accompagnée de deux autres : & y chantérent la Messe , avec la mesme Musique. L'apresdinée , le Pére Tixier , Prieur de l'Abbaye de S. Germain des Prez , & Vicaire Général de l'Archévesque de Paris prononça le premier Panégyrique , avec vne satisfaction extraordinaire, de l'Assamblée : apres quoy , les Vespres , & le Salut furent chantez , aussi , en Musique , puis la Bénédiction du S. Sacrement, donnée par l'Evesque de Bayeux, & la Cérémonie de ce jour-là , terminée par les décharges de quantité de Boëtes , accompagnées d'vne infinité de Fusées volantes. Les jours suivans de l'Octave, furent signalez par de pareilles Processions, de diverses Parroisses, par les Eloges prononcez par des Prédicateurs choisis, & la Bénédiction du Saint Sacrement, solennellement donnée, par des Evesques, & la derniére, par noftre Archévefque, qui fut reçeu, & harangué, avec beaucoup d'éloquence, par le Provincial, à la tefte de la Communauté, auquel ce Prélat répondit, avec la grace qui luy eft fi naturelle, & de laquelle chacun eft charmé.

Le foir, pour terminer cette grande Solennité, les Religieux, précédez de fix Trompettes du Roy, chantérent le *Te Deum*, à l'entour d'vn Feu qui fut allumé devant la Porte de la rüe, par le Pére Goldefer, Prieur de cette Maifon: apres quoy, fe fit vne décharge de cent Boëtes, accompagnée d'vne infinité de Fufées, qui remplirent l'Air de clartez, & furent le prélude d'vn autre Feu d'Artifice, dreffé dans leur Cour, dont la Machine n'eftoit pas moins fuperbe que le refte.

La Décoration en eftoit tirée des Armes de la ville de Lima, Capitale du Pérou, lieu de la Naiffance de la Sainte, & où repofent fes Reliques, laquelle ville porte d'afur, à trois Couronnes d'or, & au chef, vn Aftre, avec ces mots, *Hoc Signum, verè Regum eft.* La Figure eftoit triangulaire, & chaque Angle coupé par vne Face de 4 pieds de larg, & de 12 de haut, à laquelle estoyent peints deux grands Pilastres de marbre, avec des Bases, & Chapiteaux de bronze, & tous les autres Ornemens d'Architecture. Les trois grandes Faces du Triangle, faisoyent, chacune, vne grande Arcade, couleur de bronse, enrichie de Festons: & au haut, estoyent les Armes du Pape, du Roy, & de l'Archévesque. Ce premier Etage de douze pieds de haut, estoit couronné d'vne Balustrade, à laquelle on avoit attaché quantité d'Artifices: & au dessus, paressoit vn grand Pied d'estal, portant trois Colonnes, chacune desquelles soutenoit vne grande Palme, qui formoit vne Console. Sur le bout, estoyent attachées trois Couronnes d'or, du milieu desquelles sortoit vne grande Pyramide, terminée par vn Astre de six pieds de diametre. Les trois Pans du second Etage, estoyent remplis de grands Cartouches, avec des Médales, & Emblesmes, environnez de Festons: & les Artifices furent si bien exécutez, que, pendant vne heure, ils donnérent vne satisfaction merveilleuse à vne foule de toute sortes de Personnes.

A Paris, du Bureau d'Adresse, aux Galleries du Louvre, devant la rüe S. Thomas, le 18 Septembre, 1671.

Avec Privilége.